AF311249

LA
COUTUME DE VENDOME

PAR

G. D'ESPINAY

Président honoraire de la Société d'Agriculture, Sciences
et A d'Angers

---

*Extrait des Mémoires de la Société nationale d'Agriculture,
Sciences et Arts d'Angers.*

ANGERS
IMPRIMERIE LACHÈSE ET DOLBEAU
4, Chaussée Saint-Pierre, 4
1892

(5)

ANGERS, IMPRIMERIE LACHÈSE ET DOLBEAU.

LA COUTUME DE VENDOME

Le comté de Vendôme est resté longtemps dans la mouvance féodale de l'Anjou et les appels de sa justice étaient portés devant le lieutenant du sénéchal d'Anjou à Baugé. Il a été régi par la coutume de cette province jusqu'en 1789, mais avec quelques exceptions constituant une coutume locale dont il est intéressant d'étudier l'origine.

Nous sommes obligés, pour la découvrir, de remonter jusqu'au xie siècle. Jetons un rapide coup d'œil sur l'histoire du Vendômois et sur son administration judiciaire.

Bouchard Ier, dit le Vieux, comte de Corbeil, de Melun et de Vendôme, laissa, entre autres enfants, une fille appelée Grecia (ou Élisabeth), qui épousa Foulques Nerra, comte d'Anjou, desquels naquit Adèle de Vendôme. Renaud, fils de Bouchard, étant mort sans postérité, laissa le comté de Vendôme à sa nièce Adèle. Celle-ci épousa Eudes ou Bodon, auquel elle porta le comté de Vendôme, qu'elle avait hérité de

son oncle Renaud. Ce comté passa ensuite à Bouchard II, leur fils, et fut administré par Foulques
Nerra, son grand-père, du vivant même de son père.
Ce Bouchard II, dit le Chauve, fils d'Adèle et de
Bodon, mourut sans héritiers, après avoir remis le
comté de Vendôme à Geoffroy Martel, comte d'Anjou,
son oncle.

Foulques, dit l'Oison, frère de Bouchard le Chauve,
et fils, comme lui, d'Adèle et de Bodon, lui succéda.
C'était un homme de peu de jugement et d'un mau-
vais cœur. A deux reprises différentes, il voulut
chasser sa mère, Adèle, du Vendômois dont elle
s'était réservé la moitié après la mort de son mari.
Adèle céda alors le Vendômois à Geoffroy Martel, qui
s'en empara à main armée et chassa Foulques
l'Oison, son neveu. Celui-ci offrit ses services à
Henri 1er, roi de France, qui l'en récompensa en
l'autorisant à rentrer dans le comté de Vendôme ;
Geoffroy Martel consentit à le lui rendre. Adèle, à cette
époque, était morte, et Foulques put prendre possession du comté tout entier. Mais Geoffroy Martel ne le
lui remit qu'à la condition de le tenir en fief de lui et
de ses successeurs, comtes d'Anjou. Ceci résulte
implicitement d'une charte du couvent de la Sainte-
Trinité de Vendôme, ainsi conçue : .... « *cùm vero*
« *nepoti meo Fulconi* (c'est Geoffroy Martel qui parle)
« *honorem vindocinensem quem patri ejus Bodoni cuidam*
« *Burgundioni pater meus Fulco cum filiâ suâ sorore*
« *meâ Adelâ sine meâ concessione et assensu ante contu-*
« *lerat, donavissem....* »

Geoffroy Martel retint, pour lui et pour ses successeurs, la qualité de fondateur et de protecteur de l'abbaye de la Trinité, avec le droit de défense du lieu.

Bouchard III le Jeune, fils de Foulques l'Oison, lui succéda et mourut sans enfants, le 19 février 1085. Le comté de Vendôme passa alors à Euphrosine, sœur de Bouchard III, laquelle épousa Geoffroy de Preuilly.

La série des comtes de Vendôme se prolonge pendant les XIIe, XIIIe et XIVe siècles. Le Vendômois passa enfin dans la maison de Bourbon, par le mariage de Jean de Bourbon avec Catherine de Vendôme, héritière de Bouchard VII ; elle mourut en 1411, laissant le comté de Vendôme à Louis de Bourbon.

François Ier, en reconnaissance des services que Charles de Bourbon, comte de Vendôme, avait rendus à l'État, érigea le comté de Vendôme en duché-pairie, au mois de février 1514, et les différents corps de ville nommèrent des députés pour assister aux proclamations qui en furent faites à l'hôtel de ville et à l'audience du bailliage.

Par ses lettres-patentes du 13 avril 1590, Henri IV, héritier du comté de Vendôme, avait décidé que ses domaines patrimoniaux resteraient séparés de ceux de la Maison et Couronne de France ; mais il révoqua ces lettres par un édit du mois de juillet 1607, d'après lequel ses domaines propres furent unis à la Couronne. Henri IV érigea ensuite Beaufort en duché-pairie pour César, son fils naturel, par lettres-patentes de 1597, et, l'année suivante, il lui donna le duché-pairie de Vendôme. Le dernier duc de Vendôme, Louis-Joseph, général des armées de France et d'Espagne, mourut en Espagne, le 10 juin 1712, et le duché de Vendôme fut, pour la dernière fois, réuni à la Couronne [1].

Vendôme fut rattaché au gouvernement militaire d'Orléans. Il y avait, au xviiᵉ siècle, dans ce gouvernement, trois lieutenants généraux d'épée : un à Orléans, un à Blois, un à Chartres, et quatre baillis d'épée : à Orléans, à Blois, à Chartres et à Châteauneuf [2]. Il y avait aussi à Vendôme un lieutenant des maréchaux de France pour les affaires de point d'honneur entre gentilshommes. Après la réorganisation de la maréchaussée, en 1720, Vendôme dépendit de la prévôté d'Orléanais et de la lieutenance de Blois ; il ne possédait qu'une simple brigade chargée de la police [3].

Sous le rapport administratif, Vendôme faisait partie de la généralité d'Orléans ; il était chef-lieu d'une élection comprenant quatre-vingt-neuf paroisses [4].

Pour le spirituel, Vendôme dépendit du diocèse de Chartres pendant bien des siècles. Il en a été détaché en 1697, lors de la création du diocèse de Blois. Il

---

[1] *Histoire de Vendôme*, par l'abbé Simon, tome I. — Pocquet de Livonnière, *Brève notice de la province d'Anjou.*

Après la réunion du Vendômois à la Couronne, on laissa tomber le château en ruines, tandis qu'il suffisait de 100 livres par an pour l'entretien des couvertures. Le cardinal de Fleury aima mieux laisser tomber en ruines le berceau de la dynastie des Bourbons que de faire cette minime dépense. (L'abbé Simon, tome III, p. 46, note.)

[2] *Etat de la France*, 1682, tome II, p. 382.

[3] De Roussel, *Etat militaire*, 1782, p. 58 et 431.

[4] Dénombrement du royaume ; généralité d'Orléans.

paraît même qu'il fut, à ce moment, fortement question d'établir le siège du nouveau diocèse à Vendôme plutôt qu'à Blois [1].

En ce qui concerne la juridiction, le Vendômois dépendait, dans l'origine, du moins pour la plus grande partie, de la sénéchaussée de Baugé. Lors de l'érection du comté de Vendôme en duché-pairie par François Ier, il fut décidé que les appellations en seraient portées directement au Parlement de Paris. Les officiers de Baugé furent réduits à la connaissance des cas royaux et au droit de ressort sur les justices dépendant de l'abbaye de la Trinité de Vendôme [2].

Après la mort de Louis-Joseph, dernier duc de Vendôme, et la réunion définitive du Vendômois à la Couronne, Louis XIV, par édit du mois de novembre 1713, érigea Vendôme en bailliage royal avec prévôté réunie et deux sièges particuliers, l'un à Montoire, l'autre à Saint-Calais, subordonnés au siège principal de Vendôme, dont les appellations durent toujours être soumises au Parlement.

---

[1] L'abbé Simon, *Histoire de Vendôme*, tome III, p. 11.

[2] .... « Pour en jouir et user par notre dit cousin, ses hoirs et « successeurs masles à toujours perpétuellement, à tiltre de « duc et pair de France, avec les honneurs, prérogatives et « prééminences appartenant à duc et pair, et ainsi que nos « autres pairs jouissent, soit tant en justice, juridiction, que « autrement, et sous le ressort de nostre dite Cour de Parle- « ment, en ce non compris les cas royaux dont la connoissance « appartient à nos juges, par devant lesquels nous voulons à « ceux ressortir comme ils ont accoustumé. » (Archives nationales, P. 2303, f° 1107, verso, cité par M. P. Viollet, *Établissements de Saint-Louis*, Introduction, p. 357-358.)

Le même édit porte attribution au bailliage de Vendôme de l'appel des jugements rendus par les officiers des juridictions relevant de l'abbaye de la Trinité, de l'abbaye de Saint-Calais, du prieuré de Lancé et des autres justices seigneuriales et patrimoniales situées dans le haut et dans le bas Vendômois[1]. A cet effet, ces justices furent distraites des sénéchaussées et ressorts royaux dont elles dépendaient auparavant; en sorte que, depuis cet édit, les officiers de Baugé ont perdu tout ce qu'il leur restait de juridiction dans le Vendômois[2]. Le Vendômois étant érigé en siège royal, les cas royaux sont, en effet, passés de droit aux juges de ce siège.

Depuis l'édit de 1713, Montoire ayant été inféodé avec titre de comté, le siège royal qui avait été établi dans cette ville fut supprimé. Montoire devint alors une simple juridiction seigneuriale dont les appellations ressortissaient au bailliage royal de Vendôme[3].

Il faut remarquer que l'édit de 1713, en érigeant Vendôme en bailliage royal, n'a point touché à la juridiction de celui de Chartres, dont le ressort s'éten-

---

[1] Le haut Vendômois comprenait la ville de Vendôme et quarante-cinq autres paroisses; le bas en comptait quarante-deux, avec trois petites villes, Montoire, Savigny et Saint-Calais; cette dernière était du diocèse du Mans. (D. Vaissette, *Géographie historique*, tome VI, p. 390.)

[2] Pocquet de Livonnière, *Brève notice*, etc. — Les paroisses de Villedieu, Cellé, Le Sentier, Gastineau, Boisseau (Loir-et-Cher), Les Hermites (Indre-et-Loire), n'ont été détachées de la sénéchaussée de Baugé qu'en 1713 seulement, pour être rattachées au duché de Vendôme. (*Idem.*)

[3] *Brève notice.*

dait sur les justices du prévôt du chapitre de Chartres,
sur celles du prieuré de L'Isle et autres situées dans le
Vendômois. Les officiers du bailliage de Chartres ont
été conservés dans leur ancienne possession : « en quoi,
« observe Pocquet de Livonnière, ils ont été traités
« plus favorablement que ceux de Baugé [1]. »

Le Vendômois, en grande partie du moins, suivait
la coutume d'Anjou, et c'est pour cela que le comte
de Vendôme comparut par son procureur à la rédaction de cette coutume, en 1508 [2]. Mais elle ne s'éten-
dait pas cependant sur le Vendômois tout entier ;
dans certaines portions de ce comté, on suivait les
coutumes du Maine, de Chartres ou de Blois, diversité
provenant d'accroissements ou d'échanges que signale
Pocquet de Livonnière sans les expliquer. Certaines
seigneuries relevant féodalement de ce comté avaient
été, en effet, par échange, achat ou autrement,
acquises des comtés voisins et détachées des anciens
territoires de Chartres, de Blois ou du Maine. Le
procès-verbal de la rédaction de la coutume de Blois
s'exprime ainsi à ce sujet : « Furent aussi appelés et
« convoqués le duc de Vendôme, à cause des fiefs qui
« furent blaisois et à présent sont vendômois et se
« régissent et gouvernent par les coutumes du bailliage
« de Blois [3]. » Les limites respectives des comtés de
Blois et de Vendôme, restées longtemps douteuses,

---

[1] *Brève notice.*
[2] Richebourg, tome IV. Procès-verbal de la rédaction de la
coutume d'Anjou, p. 586.
[3] Richebourg, tome III, p. 1102.

n'ont été fixées qu'en 1328, par une transaction [1] ; mais de nouveaux changements sont survenus depuis cette époque.

La séparation de la portion du Vendômois qui suivait la coutume d'Anjou et de celle qui obéissait à la coutume du Maine était faite par la rivière de Braye, à quelques paroisses près [2]. Le haut Vendômois (sauf les parties chartraine et blaisoise) et une partie du bas Vendômois, étaient d'origine angevine ; le reste du bas Vendômois était d'origine mancelle.

Dans la ville et les faubourgs de Vendôme, il y avait quatre paroisses : La Madeleine et Saint-Léobin, entièrement régies par la coutume d'Anjou ; celle de Saint-Bienheuré, en partie par la coutume d'Anjou, en partie par celle de Blois ; la paroisse de Saint-Martin appartenait à la coutume d'Anjou, à la réserve de quatre maisons, dont trois suivaient la coutume de Chartres et la quatrième, pour le tout ou pour partie, la coutume de Blois. Ici ce n'est même plus un mur mitoyen qui sert de limite et détermine ce qui est juste à droite et injuste à gauche, c'est une simple cloison intérieure.

[1] L'abbé Simon, *Histoire de Vendôme*, tome I, p. 73.

[2] Les paroisses du Maine, situées à l'est de la Braye et régies par la coutume du Maine, admettaient les mêmes exceptions que la coutume de Vendôme, en ce qui concerne le droit d'aînesse et les droits de l'époux survivant.

Les principales seigneuries du Maine qui suivaient la coutume locale du Vendômois étaient les baronnies de Montdoubleau, de Saint-Calais et de Savigny-sur-Braye. (Bodreau, *Commentaire de la coutume du Maine*, sur l'art. 248.)

Les paroisses de Saint-Ouen, Saint-Firmin, L'Isle, Fée, Rocé, Selomme et La Chapelle-Enchery, étaient régies en partie par la coutume d'Anjou, en partie par celle de Chartres et par celle de Blois. Mais les autres paroisses situées au delà de la Braye suivaient toutes la coutume du Maine. Les paroisses d'Anzé, Azé, Mazangé, obéissaient en partie à la coutume d'Anjou et en partie à celle de Chartres [1].

Pocquet de Livonnière nous donne la liste des paroisses du Vendômois régies par la coutume d'Anjou ; elles sont au nombre de cinquante-trois [2], auxquelles il faut en ajouter onze autres soumises pour partie seulement à cette coutume [3]. Ces soixante-quatre paroisses font toutes aujourd'hui partie du département de Loir-et-Cher, à l'exception des Hermites et de Montaudon, rattachées à l'Indre-et-Loire (canton de Château-Renaud). Plusieurs de ces paroisses ont été supprimées.

Lors de la rédaction de la coutume de Touraine, il s'éleva une discussion au sujet des terres et seigneuries de La Ferrière, Fontenailles, Espaigne, Cruce, Fontaine, Rozières, Baratoire et Moron. Le procureur du duc de Vendôme disait qu'elles étaient tenues du Roi, à cause du châtel et baronnie de Lavardin, membre du duché de Vendômois, et qu'elles se ré-

---

[1] *Brève notice.*

[2] Voir la liste de ces paroisses à la fin de cette étude.

[3] Ce sont les onze suivantes : Vendôme, Saint-Ouen, Saint-Firmin, L'Isle, Fée ou Faye, Rocé, Selomme, La Chapelle-Enchery, Azé, Anzé ou Danzé, Mazangé. (*Brève notice.*)

gissaient selon les coutumes du duché d'Anjou et Vendômois respectivement. Le procureur du Roi à Baugé appuyait cette protestation, disant que ces terres et seigneuries avaient toujours été régies et gouvernées par la coutume d'Anjou, et qu'elles avaient subi la juridiction de Baugé, notamment pour les cas royaux. Le procureur du Roi à Tours prétendait, au contraire, que ces terres étaient notoirement du ressort du bailliage de Touraine *et enclavées en icelluy;* que leurs sujets avaient répondu par devant le bailli de Touraine ou ses lieutenants de Tours et de Langeais ; qu'elles avaient été appelées à la réformation de la coutume de Touraine, en 1507, sans protestation de la part des seigneurs. La question ne fut pas plus tranchée que celle qui s'éleva entre les mêmes parties, au sujet de Rillé [1].

La coutume d'Anjou, suivie au pays de Vendômois, subissait trois exceptions, dont deux surtout sont importantes et constituent une véritable coutume locale.

La rédaction de 1508 confirma le comte de Vendôme et ses vassaux dans la possession des droits de quint, requint, relief ou autres droits dont il n'avait pas été fait mention au chapitre des droits de justice de la coutume [2].

La même coutume d'Anjou reconnaît qu'en la châtellenie de Vendôme les acquêts se divisent entre

---

[1] Procès-verbal de la rédaction de la coutume de Touraine. (Richebourg, tome IV, p. 684.)

[2] Coutume d'Anjou, article 156.

le survivant et les héritiers du premier décédé des
conjoints par mariage, sans que ledit survivant ait
droit de les tenir pour le tout en usufruit[1].

Exception plus grave encore : tandis qu'en Anjou
les cadets ne succèdent qu'en usufruit seulement,
dans le comté de Vendôme et ailleurs (c'est-à-dire
dans les autres seigneuries d'entre le Loir et la Braye)
ils succèdent *par héritage*, autrement dit : en pleine
propriété ; « qui sont usages locaux contre la cous-
« tume générale dudit pays[2]. » Ce droit des cadets à
succéder par héritage fut vivement réclamé lors de la
rédaction de la coutume, par les magistrats du comté
de Vendôme, et l'Assemblée reconnut l'exactitude de
leur réclamation[3].

Trois questions sont à discuter : pourquoi le Vendômois, enclavé entre le Maine, le pays chartrain, le
Blaisois et la Touraine, suivait-il la coutume d'Anjou
et non celle de Chartres, de Blois ou de Tours ? Pourquoi a-t-il été longtemps soumis à la juridiction de
Baugé ? Et pourquoi la coutume locale du comté de
Vendôme faisait-elle exception aux règles générales
de celle d'Anjou au sujet des droits des époux et de
ceux des cadets ?

Occupons-nous d'abord de la première question,
relative à l'extension de la coutume d'Anjou au Vendômois ; nous chercherons à résoudre ensuite la

[1] *Idem*, article 288.
[2] *Idem*, article 231.
[3] Procès-verbal de la rédaction de la coutume d'Anjou.
(Richebourg, tome IV, p. 592.)

seconde et la troisième, concernant les appels et les exceptions admises en Vendômois à la coutume générale de notre province.

Nous avons vu que Foulques Nerra et Geoffroy Martel avaient possédé le comté de Vendôme. « Il y a « apparence que ce fut sous la domination de Foulques « Nerra et de Geoffroy Martel, dit Pocquet de Livon- « nière, que les usages d'Anjou furent introduits dans « le Vendômois [1]. » Ce n'est pas impossible, et cette domination des comtes d'Anjou sur le Vendômois fut certainement la cause première et historique de l'introduction des usages angevins dans ce pays. Mais, au XIe et au XIIe siècles, les coutumes provinciales étaient encore vagues et flottantes ; aucun document écrit ne les constatait et l'on a grand'peine à relever quelques faits intéressants pour l'histoire du droit, tout en consultant des centaines de chartes. A cette époque, les dispositions spéciales qui caractérisent chaque coutume et même chaque famille de coutumes n'étaient point encore précisées et ne se dégageaient pas avec netteté du chaos des usages féodaux ; tout n'était alors qu'en germe dans notre ancien droit coutumier en voie de formation.

C'est seulement aux XIIIe et XIVe siècles qu'on voit paraître les premières coutumes rédigées ; encore n'étaient-elles en ce temps que de simples compilations d'enquêtes par tourbes ou de décisions judiciaires sans valeur légale, sans caractère obligatoire. Ce fut seulement au XVe siècle que parurent les pre-

[1] *Brève notice.*

mières coutumes officielles, rédigées avec ordre et
méthode et ayant force de loi. La première coutume
officielle d'Anjou est de 1411 et les premiers essais
de rédaction reproduits dans les *Etablissements de
Saint-Louis* ne remontent qu'à la seconde moitié du
xiii° siècle. Les textes des xiii° et xiv° siècles ne sont
guère que des résumés de décisions judiciaires éma-
nées des magistrats angevins. Le Vendômois n'a
donc pas pu adopter, dès le xi° siècle, des usages qui
n'ont été précisés qu'au xiii° et au xiv° siècle. Mais il
n'en est pas moins vrai qu'il a été soumis dès cette
époque à la juridiction des juges angevins et qu'il a
subi l'influence de leurs doctrines et de leurs opinions
juridiques. Les mêmes usages ont donc tout naturellement dû s'établir dans les deux pays.

La justice seigneuriale de Vendôme fut longtemps
sujette de la sénéchaussée de Baugé et les cadets
nobles, en Vendômois, succédaient en toute propriété.
Les historiens donnent de ces faits une explication
singulière. On lit, dans un passage de la *République*
de Bodin, qu'un cadet de la Maison d'Anjou ayant eu
le comté de Vendôme par héritage, en usufruit, con-
formément à la coutume de la province, voulut le
posséder en pleine propriété. Il fit la guerre au comte
d'Anjou, son aîné, le vainquit, le fit prisonnier et lui
imposa pour condition de paix que les cadets du Vendômois posséderaient leur part d'héritage en pleine
propriété[1]. Or, comme le fait observer très judi-
cieusement l'abbé Simon dans son *Histoire de Ven-*

---

[1] Bodin, *République*, livre V, chapitre II.

dôme, ce récit est absolument erroné en ce qui concerne les comtes d'Anjou et leur est complètement étranger. Le seul fait historique qui rappelle ce que dit Bodin est le suivant : Lancelin, seigneur de Baugé et de Beaufort-en-Vallée, ayant vaincu et fait prisonnier Geoffroy de Preuilly, comte de Vendôme, lui aurait imposé pour conditions de paix que les appels de Vendôme ressortiraient à Baugé et, en second lieu, que les cadets du Vendômois succéderaient en pleine propriété [1]. Il faut remarquer toutefois que Bodin ne parle pas des appels portés à Baugé et que cette condition paraît avoir été ajoutée au traité en question par M. l'abbé Simon.

Cette opinion explique-t-elle la double question que nous avons à examiner touchant la juridiction des juges de Baugé sur les appels de la justice féodale de Vendôme, et sur le droit des cadets nobles du Vendômois de succéder en pleine propriété? C'est ce qu'il faut examiner.

Le comté de Vendôme avait été donné en fief par Geoffroy Martel à Foulques l'Oison, ainsi que nous l'avons déjà vu. La preuve de cette sujétion féodale nous est encore fournie par un acte du 21 février 1147, d'après lequel Jean Ier, comte de Vendôme, avoue Geoffroy le Bel, comte d'Anjou, pour son seigneur et le qualifie de ce titre ; il reconnaît qu'après Dieu il lui est redevable du comté de Vendôme [2].

---

[1] L'abbé Simon, *Histoire de Vendôme*, tome Ier, p. 21 et suivantes et p. 89.

[2] *Idem*, p. 107.

Or, d'après les principes les plus essentiels du droit féodal, la justice du vassal ressortissait en appel à celle de son suzerain. Les appels de la justice féodale de Vendôme durent donc de plein droit être portés devant le comte d'Anjou, suzerain féodal du comte de Vendôme, ou devant son sénéchal qui le représentait. On ne saurait admettre qu'un seigneur de Baugé, vassal lui-même du comte d'Anjou, ait pu imposer au comte de Vendôme l'obligation de venir plaider devant lui et se soit arrogé le droit d'appel sur les jugements rendus par la justice de son co-vassal. En le soumettant à cette sujétion, il eût porté un grave préjudice aux droits du comte d'Anjou, leur suzerain commun. Les comtes d'Anjou, au xi⁰ siècle, étaient, du reste, assez puissants et savaient assez bien se faire respecter de leurs vassaux pour ne pas tolérer une pareille usurpation de leurs droits. Si les appels de Vendôme ont été portés à Baugé, c'est parce qu'un lieutenant du sénéchal d'Anjou ayant été établi dans cette ville, on lui a tout naturellement donné la connaissance des appels des justices seigneuriales les plus rapprochées de son siège. Il a connu des appels de Vendôme comme représentant du comte d'Anjou dont le seigneur de Vendôme était vassal.

L'adoption de la coutume d'Anjou eu Vendômois et la sujétion des juges seigneuriaux de Vendôme au droit d'appel à Baugé s'expliquent donc par la même cause. Si la coutume d'Anjou a été adoptée dans le comté de Vendôme, c'est parce que cette seigneurie était un fief relevant de l'Anjou et parce que des magistrats angevins avaient droit de réviser les sentences des juges de Vendôme. Si les jugements de Vendôme pouvaient être déférés en appel aux juges de Baugé, c'est parce que ceux-ci représentaient le comte d'Anjou, suzerain du comte de Vendôme, et parce qu'il était de principe que le droit d'appel suivît la mouvance féodale.

Cette suprématie de l'Anjou sur le Vendômois s'est maintenue jusqu'en 1514, époque où le comté de Vendôme a été érigé en duché-pairie, avec dévolution directe des appels de sa justice au Parlement de Paris. Mais la coutume d'Anjou avait à cette époque subi déjà trois rédactions officielles (1411, 1463, 1508) ; elle était parfaitement arrêtée et précisée ; la séparation du Vendômois et de l'Anjou n'a pas eu alors les conséquences qu'elle aurait produites avant la rédaction définitive de la coutume et, lorsqu'un bailliege royal a été érigé à Vendôme, les juges ont dû se conformer à la coutume qui régissait ces pays depuis plusieurs siècles.

Reste à expliquer la troisième question. Pourquoi, en adoptant la coutume d'Anjou, le Vendômois y mettait-il des restrictions ? Pourquoi les cadets succédaient-ils en pleine propriété, tandis qu'en Anjou, sous l'empire de la coutume de notre province, ils ne succédaient qu'en usufruit ? Nous retrouvons, comme réponse à cette question, la légende relative à Lancelin de Baugé et à Geoffroy de Preuilly. Mais tout ce récit n'est qu'un étrange amas de confusions et d'erreurs. Bodin a transformé Lancelin de Baugé en cadet de la maison d'Anjou jouissant du comté de Vendôme, et Geoffroy de Preuilly en comte d'Anjou ;

double transformation assez étrange. Le célèbre publi-
ciste me paraît même avoir imaginé les conditions du
traité soi-disant passé entre le seigneur de Vendôme
et celui de Baugé, car ce traité n'avait aucune raison
d'être entre eux. Bodin a tout simplement défiguré
un fait historique, assez peu important en lui-même,
et il a cru en tirer l'explication d'une coutume parti-
culière dont il n'avait pas su démêler l'origine. C'est
une de ces légendes confuses, analogues à celles dont
Jean de Marmoutiers et, plus tard, Bourdigné ont
émaillé l'histoire d'Anjou et dont la critique a le droit
de faire sévère justice.

D'après M. l'abbé Simon, ce ne serait pas le comte
de Vendôme qui aurait établi l'usage favorable aux
cadets nobles du Vendômois, mais Lancelin de Baugé
qui l'aurait imposé à Geoffroy de Preuilly comme condition de paix ; on cherche quel intérêt ce seigneur
angevin prenait aux cadets du Vendômois ? On lui
prête avec Geoffroy une parenté purement conjectu-
rale. Ce soi-disant traité a-t-il jamais existé, et les
conditions n'en ont-elles pas été imaginées par Bodin
d'abord et remaniées ensuite par M. l'abbé Simon
suivant ses propres conjectures ?

Il faudrait, pour confirmer l'opinion de Bodin et
celle de M. l'abbé Simon, prouver qu'au xi° siècle, au
temps de Geoffroy de Preuilly et de Lancelin de
Baugé, les cadets nobles ne succédaient qu'en usufruit. Or, affirmer pareille chose, c'est se tromper de
deux siècles et prêter au xi° siècle les mœurs et les
coutumes du xiii° et du xiv°. Au xi° siècle, le droit
d'aînesse n'était point encore organisé, pour les
vavassoreries surtout, comme il l'a été plus tard.

Dans les premiers temps de la féodalité, le droit d'aînesse ne s'appliquait qu'aux domaines hommagés, dans l'ouest de la France comme dans la région parisienne [1].

La légende de Lancelin de Baugé n'a donc rien à voir ici et n'explique rien ; cherchons à la coutume locale de Vendôme une origine plus sérieuse.

La coutume de Vendôme serait-elle une importation du droit des provinces voisines ?

Les coutumes de Chartres et de Blois régissaient une partie du Vendômois ; mais ce n'est pas leur influence qui a donné naissance à notre coutume locale, en matière de droit d'aînesse. En effet, d'après la coutume de Chartres, s'il n'y a que deux enfants, l'aîné prend le principal manoir avec le vol du chapon et les deux tiers des fiefs ; s'il y a plus de deux enfants, il ne prend que la moitié des fiefs avec le principal manoir et le vol du chapon. Entre filles à degré égal, pas de droit d'aînesse. En ligne collatérale, à pareil degré, les filles sont exclues des héritages tenus en fief ; mais les mâles appelés succèdent sans droit d'aînesse. Pour les héritages tenus en censive, pas d'avantage pour l'aîné ; les frères et sœurs partagent par têtes, tant en ligne directe qu'en ligne collatérale [2]. Les dispositions de la coutume de Blois sont identiques à celles de la coutume de Chartres [3].

La coutume de Blois et celle de Chartres dérivent

[1] G. d'Espinay, *Cartulaires angevins*, chapitre X.
[2] Coutume de Chartres, articles 6, 7, 96, 97.
[3] Coutume de Blois, articles 142-145, 152, 153.

du droit parisien en matière d'aînesse. Elles font dé-
pendre, comme celle de Paris, l'application de ce
privilège de la condition des terres et non de celle des
personnes. A Vendôme, au contraire, comme en
Anjou, la prérogative de l'aîné s'applique à toute
sorte de biens, mais entre nobles seulement. Le
Vendômois était situé à l'extrême limite du système
coutumier angevin ; à l'est et au nord de cette seigneurie s'étend la région où l'on suivait les errements
de la coutume de Paris et, comme nous l'avons vu,
la partie du Vendômois détachée du Blaisois ou
du pays chartrain avait conservé ses coutumes
propres.

Dira-t-on que la coutume locale du Vendômois
dérive de celle de Touraine ? A Vendôme, comme à
Tours, les cadets nobles prennent leur part en pleine
propriété ; mais avec cette différence qu'il y a droit
d'aînesse à Vendôme, entre filles, pour tous les
biens, suivant la coutume générale d'Anjou, et non
en Touraine, du moins pour les simples vavassoreries.

Il n'y a point de filiation directe entre la coutume
locale de Vendôme et celle de Touraine. Cette dernière n'a été rédigée officiellement qu'en 1461, tandis
que la première rédaction de la coutume d'Anjou fait
mention de l'usage vendômois, dès 1411. On lit, en
effet, dans le texte de cette époque :

« Aucuns fiefz ou chastellenies, sont bien oudit
« pays conté du Maine et au duchié d'Anjou, esquelz
« les puisnez masles succèdent par héritaige ; c'est
« assavoir de par-delà la rivière de Braye, en alant

« du Mans à Mondoubleau, et en la conté de Ven-
« dôme [1]. »

Je ne puis expliquer la coutume de Vendôme que par la conservation dans ce coin isolé de l'Anjou du vieil usage angevin-tourangeau du xiiie siècle. Le droit d'aînesse, en Anjou, s'est aggravé de plus en plus, au préjudice des cadets, pendant les derniers siècles du moyen âge. On a commencé par donner à l'aîné, entre nobles, les deux tiers de *toute* la succéssion ; puis on a imposé le droit d'aînesse aux filles, à défaut de fils, pour les simples vavassoreries, tandis que, dans l'origine, il n'y avait privilège d'aînesse entre filles que pour les baronnies ; enfin, au xive siècle, on a réduit la part des cadets à un simple usufruit. En Touraine, on a admis le privilège de l'aîné mâle, entre nobles, sur les deux tiers de toute la succession, mais on s'en est tenu là ; les cadets ont conservé leur part en pleine propriété et, entre filles, pour les vavassoreries, on n'a admis qu'un simple préciput sans importance. La coutume de Loudun, dérivée de celle de Tours, est allée plus loin ; elle a donné les deux tiers à la fille aînée noble, à défaut de fils, comme en Anjou. A Vendôme, on a admis le droit aux deux tiers de la succession au profit de l'aîné noble et le privilège d'aînesse entre filles, mais on n'a pas accepté la réduction du droit des cadets à un simple usufruit. On conçoit que cette loi très dure ait trouvé de la résistance, surtout dans les contrées situées loin du centre de l'Anjou, comme Vendôme,

---

[1] Beautemps-Beaupré, coutume de 1411, texte E.

Loudun et Mirebeau. La coutume locale du Vendômois, en ce qui concerne le droit d'aînesse, n'est
donc autre chose qu'un reste de la vieille coutume
angevine du xiii° siècle, conservé en dépit des innova-
tions introduites dans notre province au xiv° siècle
seulement[1].

La coutume locale de Vendôme repousse le droit
d'usufruit accordé par la coutume d'Anjou au survivant des époux. On trouve cependant ce droit établi
dans nos anciennes coutumes angevines dès le xiii°
siècle ; mais il paraît n'avoir existé primitivement
qu'entre vilains, et il n'aurait été généralisé pour les
nobles qu'à une époque postérieure[2]. Sur ce point, la
coutume de Vendôme serait encore l'expression d'un
état de choses antérieur à la rédaction des coutumes
officielles de notre province.

Ce sont, du reste, les coutumes locales qui ont conservé le plus fidèlement les usages anciens et qui
nous font le mieux connaître le droit primitif de nos
provinces. Elles n'ont pas subi les remaniements im-
posés aux coutumes générales par les légistes des
xv° et xvi° siècles, et sont restées à l'état d'exception
comme des témoins du passé. Ce sont de vieilles
sculptures conservées par le restaurateur d'un ancien
édifice.

[1] Paul Viollet, *Etablissements de Saint-Louis*, introduction,
p. 357 et suivantes. — G. d'Espinay, *La coutume de Touraine au
XV° siècle,* p. 56 et suivantes, p. 254-261. — *La coutume de Mirebeau et de Faye-la-Vineuse.*
[2] Paul Viollet, *Etablissements de Saint-Louis*, introduction,
p. 143.

Je termine par la liste des paroisses du Vendômois régies entièrement par la coutume d'Anjou, et qu'il eût été trop long d'insérer dans le texte même de ce travail [1] :

Aresne (Loir-et-Cher).
Artins (*idem*).
Ambloy (*idem*).
Auron.
Bonnevau (Loir-et-Cher).
Celle (*idem*).
Couture (*idem*).
Coulommiers (*idem*).
Crucheré (*idem*).
Dubois.
Espeignay.
Les Essards (Loir-et-Cher).
La Ferrière.
Fontaine-en-Beauce (Loir-et-Cher).
Fortaa (*idem*).
Hoursé ou Houssai (*idem*).
Huisseau ou Huirseau (*idem*).
Les Hermites (Indre-et-Loire).
Lunay (Loir-et-Cher).
Lancé (*idem*).
Longpré (*idem*).
Lavardin (*idem*).
Montoire (*idem*).
Meslé ou Melai (*idem*).
Mouronneau.

[1] Pocquet de Livonnière, *Brève notice*.

Marcilly-en-Beauce (Loir-et-Cher).
Monthaudon (Indre-et-Loire).
Marcé.
Naveil (Loir-et-Cher).
Nourvy ou Nourray (*idem*).
Les Peins.
Prunay (Loir-et-Cher).
Pré.
Les Roches (Loir-et-Cher).
Le Sentier (Indre-et-Loire).
Savigny (Loir-et-Cher).
Sanière.
Treet.
Troo (Loir-et-Cher).
Thoré (*idem*).
Tourville.
Villiersfaux (Loir-et-Cher).
Villerable (*idem*).
Villefrancœur (Loir-et-Cher, arrondissement
    de Blois).
Villiers (Loir-et-Cher).
Villedieu-en-Beauce (*idem*).
Villetrein ou Villetrun (*idem*).
Saint-Amand (*idem*).
Sainte-Anne (*idem*).
Saint-Georges-et-Saint-Pierre.
Saint-Martin-de-Lande.
Saint-Quentin (Loir-et-Cher).
Saint-Rimé (*idem*).

ANGERS, IMPRIMERIE LACHÈSE ET DOLBEAU.

www.ingramcontent.com/pod-product-compliance
Ingram Content Group UK Ltd.
Pitfield, Milton Keynes, MK11 3LW, UK
UKHW021713090726
13657UKWH00005B/2220